T0141630

La Declaración de Independencia

Jill K. Mulhall, M.Ed.

Índice

Palabras que cambiaron el mundo

Cuando los colonos de América del Norte decidieron declarar la **independencia** de Gran Bretaña, sus líderes sabían que necesitaban un **documento** especial. Allí se explicarían todas las razones por las que deseaban dar este paso tan importante. Un joven llamado Thomas Jefferson escribió un hermoso ensayo. Este ensayo inspiró a la gente a cambiar el mundo.

¿Qué debemos hacer ahora?

Los colonos de América del Norte habían sido leales **ciudadanos** británicos durante muchos años. Pero, a mediados del siglo XVIII, las cosas cambiaron. A la gente no le gustaba cómo los trataban los líderes del otro lado del océano. Comenzaron a objetar los impuestos y las leyes que consideraban injustas.

▼ Los soldados alemanes s[e] unen al ejército británico

▼ Cámaras del Parlamento en Londres

El rey Jorge III de Inglaterra

Una pelea sucia

El rey les pagó a los soldados alemanes para que lucharan contra los colonos. Los llamaban "hessianos". Esto enojó a los colonos. Ya no querían ser leales al rey.

Batalla revolucionaria en Pensilvania

Victorias sorprendentes

Al principio, muchos colonos creían que no había manera de ganar una guerra contra Gran Bretaña. Pero la milicia de los colonos los sorprendió. Les fue muy bien al inicio de la guerra. Los colonos comenzaron a creer que tal vez sí podrían ganar.

El **Parlamento** británico y el rey Jorge III no manejaron bien estos problemas. Algunas veces, ignoraban las quejas de los colonos. Otras veces, eran demasiado duros con la gente.

Para 1775, los colonos estaban tan enojados que estaban dispuestos a ir a la guerra. Las batallas de la Revolución estadounidense comenzaron en abril.

La guerra había comenzado. Pero la gente todavía no sabía exactamente por qué luchaba. Algunos solo querían que sus lejanos líderes respetaran sus derechos. Otros querían ser libres de Gran Bretaña de una vez y para siempre.

▲ Reunión del **Congreso Continental**

▲ Rama de olivo

Una petición pacífica

El mensaje que se envió al rey se llamó la Petición de la rama de olivo. La Rama de Olivo es un símbolo de paz muy antiguo. El Congreso intentaba decirle al rey que no querían pelear.

Más cerca de una decisión

Los colonos pidieron a sus líderes que los ayudaran a decidir qué hacer después. Enviaron **delegados** a Filadelfia para el segundo Congreso Continental.

Al principio, la mayoría de los delegados pensó que los colonos debían seguir siendo ciudadanos británicos. Incluso, enviaron al rey Jorge un mensaje en el que afirmaban que seguían siendo leales. Pero el rey ni siquiera lo leyó. Llamó **traidores** a los colonos.

Los delegados comenzaron a creer que la **libertad** era su única opción. Hablaron de los detalles durante muchos meses.

En junio de 1776, un delegado llamado Richard Henry Lee se puso de pie y habló. Propuso que el Congreso finalmente declarara la independencia de Gran Bretaña. Algunos hombres aún seguían creyendo que era una mala idea. Pero la mayoría de los delegados estuvo de acuerdo con Lee. Decidieron votar la idea unas semanas más tarde.

El Congreso consideró que debía preparar un documento. El documento explicaría las razones por las que los colonos deseaban la libertad. Tenerlo listo ahorraría tiempo cuando por fin se tomara la gran decisión.

▼ Este documento se conoce como la Resolución de Lee y propone que el Congreso declare la independencia.

Un punto de referencia especial

El Congreso se reunió en la antigua Casa de Gobierno de Pensilvania. Cuando terminaron ese importante trabajo, el edificio tenía un nuevo nombre. Desde ese momento, se conocía como el Salón de la Independencia.

Una tarea importante

El Congreso seleccionó un comité de cinco hombres para que redactaran la declaración. Cuatro de ellos eran del Norte. Sus nombres eran John Adams, Benjamin Franklin, Robert Livingston y Roger Sherman. El único del Sur era un callado delegado de Virginia llamado Thomas Jefferson.

El **comité** se reunió para **debatir** cómo llevar a cabo este importante trabajo. Decidieron que sería muy difícil escribir en grupo. Entonces, decidieron que una sola persona escribiera el ensayo. Se reunirían para revisarlo en conjunto.

John Adams de Massachusetts

Benjamin Franklin de Pensilvania

Roger Sherman de Connecticut

Robert Livingston de Nueva York

Distintos puntos de vista

Cada uno de los miembros del comité era de una colonia distinta. El Congreso hizo esto a propósito. Querían incluir los puntos de vista de distintas áreas.

Jefferson había escrito documentos importantes en el pasado. El comité sabía que era un escritor talentoso. Por eso, lo eligieron para redactar el documento.

El grupo le dijo a Jefferson las tres cosas sobre las cuales debía escribir. Tenía que describir qué cosas hacen un buen gobierno. Luego, debía explicar por qué el rey Jorge no había hecho un buen trabajo. Por último, debía anunciar que los colonos se declaraban libres de Gran Bretaña.

Los halagos te llevarán a cualquier parte

Al principio, Thomas Jefferson no quería escribir la declaración. Creía que John Adams debía hacerlo. Pero Adams convenció a Jefferson. Le dijo: "Puedes escribir diez veces mejor que yo".

Thomas Jefferson de Virginia

El comité de la Declaración de Independencia: Roger Sherman, Thomas Jefferson, Benjamin Franklin, ▼ John Adams y Robert Livingston

El hombre indicado

El comité había tomado una decisión inteligente al elegir a Thomas Jefferson para escribir el documento. Era un escritor excelente. También le entusiasmaba mucho el tema.

Jefferson trabajaba como abogado en Virginia. Pero le interesaban muchas otras cosas además del derecho. Leía libros durante horas todos los días. Muchos eran sobre política e historia. Estos libros hicieron pensar mucho a Jefferson.

También le gustaba escuchar a la gente debatir. Era tímido y no siempre se animaba a hablar. Pero aprendió mucho escuchando.

Jefferson llegó a creer que la libertad era algo sin lo cual la gente no podía vivir. Estaba muy feliz cuando los miembros del Congreso por fin estuvieron de acuerdo con él.

Jefferson trabajó en el ensayo durante más de dos semanas. En ese tiempo, apenas si habló con alguien. Utilizó toda su energía en escribir. Quería que sus palabras fueran tan poderosas que todos estarían de acuerdo con él.

Asuntos familiares

Para Jefferson, fue difícil concentrarse en su tarea. Su hijita y su madre habían muerto hacía poco tiempo. Su esposa, Martha, estaba muy enferma. Jefferson quería estar en su casa en Virginia para cuidarla.

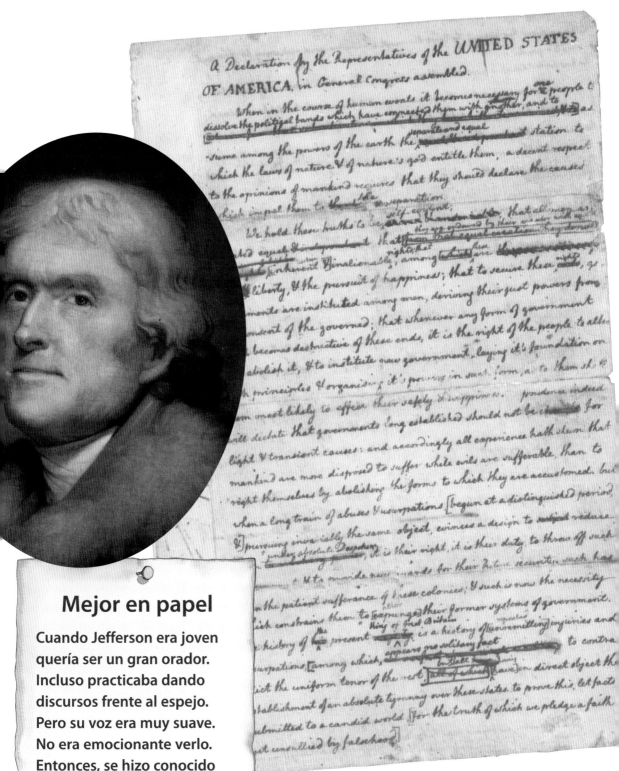

Mejor en papel

Cuando Jefferson era joven
quería ser un gran orador.
Incluso practicaba dando
discursos frente al espejo.
Pero su voz era muy suave.
No era emocionante verlo.
Entonces, se hizo conocido
por su escritura.

▲ El primer borrador de la
Declaración de Independencia
de Jefferson

El lugar natural para empezar

Jefferson comenzó el ensayo explicando su importante objetivo. Muchos pensaban que seguía siendo mala idea declarar la independencia de Gran Bretaña. Este ensayo le explicaría al mundo por qué los colonos merecían la libertad.

Primero, manifestó que todas las personas nacen con los mismos derechos. Todas merecen las mismas libertades básicas. Y nadie debería quitarlas jamás. Esto nos parece algo normal en la actualidad. Pero, en 1776, era una idea novedosa y emocionante.

Jefferson inventó un ▶ escritorio especial para escribir. Lo utilizó para redactar la Declaración de Independencia.

¿Y qué hay de las mujeres?

Jefferson escribió: "todos los hombres son creados iguales". Pero no mencionó a las mujeres. En general, nadie pensaba mucho acerca de los derechos de las mujeres en esa época. Pero, cuando leemos el documento hoy, sabemos que incluye a todas las personas.

TWO
TREATISES
OF
Government:
In the former,
The *false Principles*, and *Foundation*
OF
Sir ROBERT FILMER,
And his FOLLOWERS,
ARE
Detected and Overthrown.
The latter is an
ESSAY
CONCERNING THE
True Original, Extent, and End
OF
Civil Government.

LONDON,
Printed for *Awnsham Churchill*, at the *Black Swan* in *Ave-Mary-Lane*, by *Amen-Corner*, 1690.

▲ Portada de uno de los ensayos de John Locke

Las ideas de Locke

La idea de los derechos naturales no era nueva. Provenía de los escritos de un hombre inglés llamado John Locke. Jefferson había estudiado su trabajo durante muchos años.

Luego, explicó que los derechos **naturales** eran "la vida, la libertad y la **búsqueda** de la felicidad". Sería muy difícil no estar de acuerdo con eso.

Por último, Jefferson explicó que el gobierno tenía una tarea principal. Debía ayudar a la gente a obtener y conservar esos derechos básicos. Si no lo hacía, estaba fallando. Entonces, la gente tendría derecho a **rebelarse**.

Palabras duras para el rey

La primera sección de la Declaración de Independencia establecía que las personas merecen un gobierno que proteja sus derechos. En la segunda parte, el documento describía al gobierno británico. Explicaba cómo el gobierno había incumplido con su trabajo en las colonias.

Jefferson escribió que el rey Jorge III había hecho una cosa imperdonable. Había impedido que la gente tomara decisiones sobre cómo vivir sus propias vidas.

Ilustración que muestra a América del Norte como ▼
un caballo que se quita de encima al rey Jorge

Propaganda

Algunas de las quejas contra el rey eran justas. Pero otras eran un poco exageradas. Jefferson quería que la gente se enojara con el rey. De esta manera, apoyarían la independencia.

Había una larga lista de quejas contra el rey. Algunas describían cómo les habían arrebatado los derechos a las personas. Otras mencionaban la manera en que había puesto en peligro a los colonos. Unas pocas explicaban por qué el rey les había costado dinero. Jefferson utilizó palabras muy duras. Describió al rey con toda la dureza de la que fue capaz.

▼ El rey Jorge III de Inglaterra

Saliendo de apuros

Jefferson también escribió sobre los ciudadanos comunes de Gran Bretaña. Se quejó de que no habían ayudado a las personas de América del Norte. Más tarde, el Congreso eliminó esta parte. No querían que el pueblo británico se enojara.

▲ Las 13 colonias originales se convirtieron en los primeros estados del nuevo país creado por la Declaración de Independencia.

Dejar atrás el Viejo Mundo

La sección final del escrito incluía algunos pensamientos sobresalientes. Primero, señalaba que los colonos habían intentado varias veces hacer conocer su descontento al rey Jorge. Y todas las veces, el rey los había ignorado. Por eso, Jefferson lo llamó **tirano**. Decir esto era muy audaz.

Después, declaraba que los colonos ya no serían ciudadanos británicos. Ya no serían leales a un rey que había actuado tan mal. De hecho, ya no tendrían vínculos políticos con Gran Bretaña.

Ahora formarían un país nuevo llamado Estados Unidos de América. Este país tendría todos los poderes de cualquier otra nación.

Era una declaración asombrosa. En esa época, todos los países estaban gobernados por un puñado de soberanos poderosos. La gente jamás había pensado que los ciudadanos podían crear su propio gobierno.

La era de la revolución

Este ensayo inspiró a las personas de todo el mundo. Les gustaba la idea de que los ciudadanos se gobernaran a sí mismos. Al poco tiempo, el rey de Francia se rehusó a escuchar a su pueblo. Lo decapitaron y tomaron el gobierno.

Decapitación del rey Luis XVI ▲ de Francia

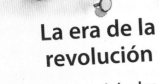

En una situación difícil

Llamar al rey Jorge un tirano fue una buena forma de atraer su atención. Pero no era del todo cierto. El rey no era cruel. De hecho, la mayoría lo consideraba amable. Simplemente no hacía un buen trabajo.

Orgulloso de su trabajo

Thomas Jefferson siguió
haciendo cosas muy
importantes en su vida. Incluso,
fue el tercer presidente de
Estados Unidos. Pero su mayor
orgullo fue haber escrito la
Declaración de Independencia.

Un voto muy importante

Cuando Jefferson terminó su ensayo, se lo mostró al comité. Estaban muy contentos con su trabajo. Cambiaron algunas palabras del texto. Pero consideraron que había explicado muy bien las ideas importantes.

El 28 de junio, el comité presentó el primer borrador de Jefferson al Congreso. Los delegados quedaron complacidos con el documento. Decidieron que había llegado el momento de tomar una decisión final sobre declarar la independencia.

Pasaron los siguientes días debatiendo. Finalmente, el 2 de julio llegó el momento de votar. La propuesta fue aprobada de forma **arrolladora**. Las palabras de Jefferson habían inspirado a los delegados. Habían hecho algo que el mundo nunca antes había visto.

◀ El comité revisa el borrador de la Declaración de la Independencia de Jefferson.

Un estado llegó tarde

Doce de las 13 colonias votaron para declarar la independencia el 2 de julio. Solo Nueva York se abstuvo. Los delegados de Nueva York seguían esperando instrucciones sobre lo que debían hacer. Una semana más tarde, por fin recibieron instrucciones de votar a favor.

◀ El Congreso debate el asunto.

Preparación del borrador final

El Congreso pasó dos días revisando el primer borrador de Jefferson. Hicieron muchos pequeños cambios.

Sin embargo, hubo un cambio muy significativo. En una sección extensa, Jefferson había criticado a Gran Bretaña por el tráfico de esclavos. Las colonias del Sur se rehusaron a incluir esta parte. Hicieron que el Congreso la eliminara del documento final.

▲ Tráfico de esclavos en las colonias

Jerga sobre la firma

¿Sabes qué significa cuando alguien pide tu "John Hancock"? Significa que quiere que firmes. Ahora sabes cómo nació la expresión.

▲ Firma de John Hancock en la Declaración de Independencia

Arriesgar todo

Firmar la Declaración de Independencia fue un acto muy valiente. Si Estados Unidos hubiera perdido la Revolución estadounidense, los firmantes hubieran sido arrestados. Podrían haberlos colgado por traidores.

El 4 de julio de 1776, el Congreso votó para **ratificar** la versión final de la Declaración. Por eso, celebramos el Día de la Independencia el cuatro de julio. John Hancock era el presidente del Congreso y fue el primero en firmar. Escribió su nombre en letra grande y clara. ¡Quería que el rey Jorge pudiera leerlo sin ponerse los anteojos!

En agosto, el Congreso realizó la firma formal de la Declaración de Independencia. Se copió en un papel especial. Al final, 56 delegados escribieron su nombre en el histórico documento.

Dar a conocer la noticia

▲ La primera lectura de la Declaración de Independencia

El Congreso quería que el pueblo viera la Declaración lo antes posible. Entonces, hicieron copias manuscritas. Estas copias se enviaron a las 13 colonias.

La primera lectura pública fue en Filadelfia el 8 de julio. Una enorme multitud escuchó las importantes palabras. Luego, encendieron fuegos artificiales y fogatas para celebrar. ¿Te recuerda esto lo que los estadounidenses hacen todos los veranos para el cuatro de julio?

George Washington ordenó que se leyera el documento a todas sus tropas. Esto inspiró a los soldados. Ahora sabían exactamente por qué estaban peleando.

La Declaración de Independencia ayudó a cambiar el mundo. La gente decidió que merecía poder opinar sobre su vida. El documento conmueve hasta el día de hoy a quienes lo leen. Los inspira a pelear por la igualdad de derechos. Es algo maravilloso para un documento escrito hace más de 225 años.

Un nuevo uso para el rey

Una multitud en Nueva York se entusiasmó al oír la Declaración de Independencia. Derribaron una estatua de metal pesado del rey Jorge. Luego, la fundieron y la convirtieron en más de 40,000 balas.

Una sorprendente coincidencia

Thomas Jefferson vivió exactamente 50 años más después de la aprobación de su Declaración de Independencia. Murió el 4 de julio de 1826. John Adams, quien convenció a Jefferson de escribirla, murió exactamente el mismo día.

Glosario

abstuvo: no votó por sí ni por no

arrolladora: una gran victoria

búsqueda: perseguir

ciudadanos: personas que son miembros de una comunidad y, a cambio, reciben la protección de esta

comité: un grupo creado para realizar tareas específicas

Congreso Continental: reuniones gubernamentales de los colonos de América del Norte

debatir: exponer ambos lados de una idea

decapitaron: le cortaron la cabeza

declaración: un anuncio formal

delegados: personas que se envían a una reunión para hablar en nombre de un grupo grande de personas

documento: un papel oficial

independencia: valerse por uno mismo, sin ayuda de nadie

libertad: autonomía

naturales: que surgen de forma automática y no porque lo hizo una persona

Parlamento: grupo que crea las leyes en Gran Bretaña

ratificar: hacer oficial

rebelarse: luchar contra alguien que está a cargo

símbolo: algo que se utiliza para representar otra cosa real

tirano: un gobernante que es muy duro y cruel con su pueblo

traidores: personas que traicionan a su país